PROGRAME
DES
HOMMES.

A

PROGRAME

DES

HOMMES,

COMÉDIE-BALLET

EN UN ACTE;

Repreſentée devant LEURS MAJESTÉS,
à Fontainebleau le Mardi 9 Octobre 1764.

DE L'IMPRIMERIE

De Christophe Ballard, Seul Imprimeur du
Roi pour la Muſique, & Noteur de la Chapelle
de Sa Majeſté.

M. DCC. LXIV.

Par exprès Commandement de SA MAJESTÉ.

Les Paroles font de M. DE SAINTFOIX.

La Muſique de M. GIRAULT, Ordinaire
de la Muſique du Roi.

Les Ballets font de la compoſition de MM.
LAVAL, Pere & Fils, Maîtres des Ballets
de Sa Majeſté.

ACTEURS

DE LA COMÉDIE.

PROMÉTHÉE.	Le Sieur Molé.
MERCURE.	Le Sieur Bellecourt.
LA FOLIE.	La Dlle. Fanier.
Actrice chantante.	La Dlle. Dubrieulle.

PERSONNAGES DANSANTS.

PREMIER DIVERTISSEMENT.

La Demoiſelle Veſtris.
Les Sieurs Veſtris, Laval.

SECOND DIVERTISSEMENT.

La Demoiſelle Lani.

AMOURS.

Les Sieurs Franſique, Céſar, Bauxlieux,
Amonet.

L'EUROPE.

Les Sieurs Campioni, Beat.
Les Demoiſelles Buard, Clairval.

L'ASIE.

Les Sieurs Leger, Hiacinte.
Les Demoiſelles Petitot, Rey.

L'AFRIQUE.

Le Sieur Lelievre, La Dlle. Demiré.

L'AMÉRIQUE.

Le Sieur Dubois; La Demoiſelle Godot.

PROGRAME

DES

HOMMES,

COMÉDIE-BALLET.

ARGUMENT.

E fond du Théâtre repré-
sente une Forêt ; on voit
plusieurs Statues au milieu
d'un rond d'arbres ; Prométhée descend de l'Olimpe, un flambeau à la main. Il confie à Mercure
qu'il va peupler la terre en animant
du feu célefte des ftatues qu'il a faites

par le conseil de Minerve. Mercure
a beau lui repréfenter qu'il s'expofe
à s'attirer la colere de Jupiter; la
gloire d'être créateur l'emporte; &
il touche du divin flambeau une des
Statues : on entend une harmonie
dont Mercure paroît étonné : » Elle
» eft fans doute occafionnée, lui dit
» Prométhée , par les efforts que
» fait la flamme célefte pour péné-
» trer, s'étendre & s'infinuer dans les
» différentes parties de cette figure;
» ne juges-tu pas à propos, ajoûte-
» t-il, que nous nous rendions invi-
» fibles, & que nous ne paroiffions
» qu'après avoir joui de fa furprife
» à la vûe du ciel, de la terre, de
» ces gazons émaillés de fleurs. » Ils
fe rendent invifibles.

P A S D E T R O I S.

Tandis que cette premiere Statue, par
fes attitudes & fes pas, marque fa fur-
prife

prife & son admiration, Prométhée par
ses gestes marque combien il est content
de son ouvrage, & tâche de faire entrer
Mercure dans sa joye. Il anime une se-
conde Statue qui est encore celle d'un
homme, & qui exprime à la vûe du
Ciel & de la Terre les mêmes mouve-
ments de surprise que le premier. Ensuite ils s'aperçoivent, courent l'un à
l'autre, s'embraffent, & se donnent tous
les témoignages de l'amitié la plus vive.
Eft-il poffible, dit Prométhée à Mercure, que tu sois infenfible à ce fpec-
tacle, à cette fimpathie, à cette ten-
dre amitié qui les a d'abord unis!
Il anime une troifiéme Statue; c'est celle
d'une femme; elle ne confidere qu'un
moment le ciel & la verdure; ses re-
gards tombent & s'arrêtent bientôt uni-
quement fur elle. Elle examine avec une
fecrette complaifance, sa taille, ses mains,
ses bras. Elle va se mirer dans un baffin
que forme une chute d'eau au bord de la

couliſſe. Celui des deux hommes qui l'apperçoit le premier, court à elle ; charmée à ſa vûe, elle lui fait d'innocentes careſſes. L'autre qui eſt reſté au bord du Théâtre, après les avoir regardés pendant quelque temps, s'approche. Elle lui fait les mêmes careſſes qu'au premier ; la jalouſie naît entr'eux ; la coquetterie de la femme l'augmente ; ils deviennent furieux & ſe menacent. Tandis que l'un avec une branche d'arbre qu'il a arrachée, pourſuit l'autre hors de la vûe du Spectateur, la femme continue de ſe mirer ; ils reparoiſſent avec des maſſues ; elle tâche de les adoucir. Après différens mouvemens qui peignent également l'amour, la jalouſie, la coquetterie & la fureur, ils ſortent tous les trois du Théâtre.

Prométhée bien mécontent & bien honteux de ſon ouvrage, commence à craindre la colere de Jupiter. Mercure lui conſeille de tâcher d'intéreſſer les Déeſſes & quelques-uns des

Dieux à la fotife qu'il vient de faire,
& après lui en avoir dit le moyen,
» je dois connoître, ajoûte-t-il, la cour
» célefte, & les effets que ne man-
» quent jamais d'y produire la curio-
» fité, la nouveauté, les goûts de
» caprice & les fantaifies de mode;
» fournis-moi feulement des humains
» bien ridicules, & ne t'embaraffe pas,
» je leur promets des protecteurs;
» voyons, examinons, choififfons par-
» mi ces Statues; à la phifionomie, je
» devinerai aifément, & fans craindre
» de me tromper, quel fera le carac-
» tere de chacune. »

Prométhée anime un Petit-Maître
de Cour, un Petit-Maître de Robbe
& un Financier. Au fon de l'or que
le Favori de Plutus remue dans fon
chapeau, le Petit-Maître de Cour &
le Petit-Maître de Robbe viennent le
flatter, le careffer baffement; il fe
débaraffe d'eux d'un air brufque; ils

le fuivent, & tous les trois fortent de deffus la Scène. La Folie fe dé- guife & pour fe divertir, fe met par- mi les Statues. Prométhée la touche du flambeau célefte, & auffi - tôt elle s'élance en danfant avec un tam- bour de bafque. Elle feint de la fur- prife à la vûe de Mercure & de Pro- méthée qui fe rendent vifibles ; elle leur fait des queftions & des raifon- nemens qui commencent à leur inf- pirer des foupçons ; ils la regardent de plus près ; elle fe démafque & leur rit au nez. Prométhée luï de- mande fi elle vient de l'Olimpe, & fi Jupiter eft bien irrité. » Il l'étoit, » lui répond-t-elle, & te menaçoit ; » mais je lui ai repréfenté que tu n'a- » vois animé ces Statues que par le » confeil de Minerve, de la Déeffe de » la Sageffe, qui avoit imaginé ces » nouveaux Etres pour avoir le plaifir » de les gouverner ; que fi leur exif-

» tence étoit un mal, c'étoit donc à
» elle qu'il falloit s'en prendre, & que
» pour la mortifier & la punir, il n'y
» avoit qu'à ordonner que ce feroit
» moi qui les gouvernerois. Jupiter,
» ajoûte-t-elle, m'a fouri, & tout de
» fuite a déclaré qu'il me donnoit dès
» à préfent & à jamais la direction
» générale de toutes les têtes de ce
» monde fublunaire. »

Prométhée un peu raffuré par le difcours de la Folie, lui remet le flambeau célefte & remonte à l'Olimpe avec Mercure.

DIVERTISSEMENT.

La Folie commence par animer les hommes : » *Qu'ils ont l'air pefant &* » *groffier, dit-elle, il faut efpérer que* » *mon fexe les polira & leur infpirera* » *un peu de fa vivacité.* » *Elle anime enfuite les femmes fur une mufique plus douce & plus légere. Les hommes dont les sens sont aussitôt frappés à la vûe des femmes, courent à elles avec tout le feu des desirs. Elles se deffendent de leurs caresses, & les repoussent avec modestie & fierté. On voit arriver quatre petits Amours qui s'approchent des femmes, & qui leur présentent des guirlandes de fleurs d'un air soumis & respectueux. Ils reprochent ensuite aux hommes par leurs gestes & leur danse pittoresque, leurs manieres vives & brusques, & finissent par leur enseigner la façon dont ils doivent s'y prendre pour plaire & se faire aimer. Les hommes instruits par les Amours, se mettent aux genoux des femmes qui les enchaînent avec les guirlandes.*

UNE ACTRICE CHANTANTE.

Heureux mortels, nés pour nous obéir,
   L'empire de vos Souveraines
Est fondé sur les Loix que dicte le plaisir :

Venez, empreffez-vous de recevoir des
chaînes,
Heureux Mortels, nés pour nous obéir.

On danfe.

L'Actrice chantante.

Chantons, célébrons la Folie ;
La gaieté vole fur fes pas,
La volupté naît dans fes bras,
Et le plaifir lui doit la vie.
Chantons, célébrons la Folie, &c.

*Chaque femme danfe avec l'homme fur lequel elle
a jetté les yeux, avec un air de dignité qui annon-
ce qu'elle voudra bien en faire un mari.*

F I N.

9 782329 143637